AF293668

Pour André Joseph Basin et
Clémentine dite Françoise Rocca,
mes grands-parents.

Ce livre n'a pas la vocation d'être un guide, juste un recueil
de souvenirs de ce beau village de Gorbio.

Numéro du livre dans la collection : 1

Photos, textes de Bernard Brunstein

et extraits de poèmes empruntés aux poètes français

© Bernard Brunstein pour les illustrations -
http://peinturedebernard.over-blog.com/

ISBN : 9782322081776

Bernard Brunstein

Photos et textes de Bernard Brunstein
Extraits de poèmes empruntés aux poètes français

Les Villages de

chez nous

Le clocher

Le clocher du village
Surmonte ce séjour
Sa voix comme un hommage
Monte au premier nuage
Que clore le jour.

A. Lamartine

Gorbio est un petit village du comté de Nice perché dans une vallée au-dessus de Menton.

L'Orme, planté en 1713, observe
depuis plus de trois siècles les
générations de gorbarins (nom
des habitants de Gorbio).

L'ormeau

D'un branchu semblant un grand fagot qui s'évase,
Il végète sa mort - à jamais défeuillé ;
Pourtant, sous tous les ciels, dans l'air sec et mouillé,
Son très étrange aspect vous met l'œil en extase !
C'est que, depuis l'énorme et ronde fourmilière
Grouillant au pied pourri de ce petit ormeau,
Tout son tronc est moussu comme un toit de hameau,
Soutaché de lichen, et festonné de lierre.
Donc, il cumule ainsi la double vétusté
De l'horreur et de la beauté.
Que de neige ou de fleurs la terre soit couverte...
Lui seul ne change pas ! Seul, toujours il fait voir
Sa vieille tête en fouillis noir
Et son vieux corps en robe verte.

Maurice Rollinat

La porte du village

La porte

Laisse la porte entrebâillée,
Juste un rai de lumière
Pour que nos cœurs puissent parler
Et ne pas se faire la guerre.

Je ne te demande pas la clé,
Jamais je ne rentrerai sans frapper.
Accorde-moi la complicité,
Privilège de l'amitié.

Ne laissons pas l'ombre
Peindre notre vie d'une couleur sombre,
Juste un peu de clarté
Sur un sourire retrouvé

Bernard Brunstein

Y'a d'la joie

Bonjour, bonjour les hirondelles
Y'a d'la joie
Dans le ciel par dessus le toit
Y'a d'la joie
Et du soleil dans les ruelles
Y'a d'la joie
Partout y'a d'la joie.

Charles Trenet

Rue Garibaldi

Ruelles

Dans les ruelles entrelacées,
je recherche la fraicheur
à l'abri de l'ardeur
du soleil de l'été.

Bernard Brunstein

La Mairie
Ancienne prison, elle est devenue Mairie dès la révolution française.
Aujourd'hui elle conserve en ses murs les cadastres du XIXe siècle.

Rue Gambetta

les vieilles portes

Faites de planches et de clous,
fermées par un simple verrou.
Que se cache-t-il derrière ces portes?
Des secrets, des amours, des regrets
Que le vent de l'histoire emporte
Au-delà vers la Méditerranée.

Bernard Brunstein

construite en 1683

L'église

J'arrivai tout près d'une église,
De la verte église au bon Dieu,
Où qui voyage sans valise
Écoute chanter l'oiseau bleu.
Toute la nef, d'aube baignée,
Palpitait d'extase et d'émoi.
Ami, me dit une araignée,
La grande rosace est de moi.

Extrait de Victor Hugo

LE CHÂTEAU DES COMTES DE MALAUSSENE

Les comtes de Malaussène, appartiennent à une branche des comtes Lascaris de Vintimille qui construisirent la première place forte de Gorbio.

Rue de la Forge

Le Bouquet

Un bouquet de muguet,
Deux bouquets de muguet,
Au guet ! Au guet !
Mes amis, il m'en souviendrait,
Chaque printemps au premier
mai.
Trois bouquets de muguet,
Gai! gai!
Au premier mai,
Franc bouquet de muguet.

Extrait de Robert Desnos

La maison de mes
grands parents

La fontaine du village

Réalisée en 1902, cette fontaine centenaire servait d'abreuvoir pour les mulets et les ânes nombreux en ce temps là.

La Fontaine du Comte de Malaussene

Erigée en 1882, Place de la Mairie.

En fermant les volets

En fermant les volets,
J'empêche la nuit de rentrer
Et la lune de s'amuser
Sur les draps à peine froissés.
Je refuse que les étoiles
Écrivent sur ma toile
Et dessinent des arabesques
Sur le mur de ma fresque.

Bernard Brunstein

Le Château

Dans le très vieux château, en haut de la colline
Derrière tes créneaux au sommet du village
Les vieilles pierres racontent papotages
Du temps où l'ennemi venait de Constantine.

Bernard Brunstein

Le vieux château de Lascaris

Il faut savoir que les Lascaris, comte de Vintimille furent les premiers seigneurs de Gorbio. La place forte de Gorbio est citée déjà en 1040 et la construction qui demeure aujourd'hui repose sur des bases du XIIe siècle.

La chapelle St Lazare .

La chapelle St Lazare se situe sur la première voie d'accès du village, ancienne voie romaine dite "Herculéenne". La fondation de la chapelle pourrait-être médiévale, mais l'édifice actuel ne semble être pas antérieur au XVIIe siècle . Elle parait vouloir garder le secret de ses lointaines origines...

La Chapelle des Pénitents Blancs (1445)

Construite en 1445, par les Pénitents Blancs de la Sainte Croix qui avaient un rôle humanitaire dans les petites communautés isolées. C'était le cas de Gorbio, village qui vécut un peu coupé du monde jusqu'après la fin de la Grande Guerre.

Plaques commémoratives à l'intérieur de l'église

La mort

Mais, tout en dédaignant la mort et ses alarmes,
Hugo, tu t'apitoies sur les tristes vaincus ;
Tu sais, quand il le faut, répandre quelques larmes,
Quelques larmes d'amour pour ceux qui ne sont plus.

Extrait du poème de Paul Verlaine

Le monument aux morts

L'école du village qui a fêté son centenaire en 2002

Rentrée

Bleus, roses, verts,
Fini les tabliers noirs sévères.
Dans les têtes blondes et brunes
Aujourd'hui la rentrée, c'est la une.
Sous les grands préaux éclairés
En pleurs, inquiets, rieurs, ils attendent en rangs serrés

Bernard Brunstein

La crèche

La crèche

C'est dans une étable
Que l'enfant est né,
Sur un lit de paille confortable,
De ses parents entouré.
Par un hiver rigoureux,
Réchauffé par le bœuf et l'âne gris,
Ses parents anxieux
Priaient le Saint Esprit.
Les bergers avertis
Par une étoile filante
Sont venus, séance tenante,
Adorés le nouveau Messie.

Bernard Brunstein

RUE
du FOUR
GORBIO - Sᵗᵉ AGNÈS
CHEMIN DU
DOYEN Pierre ROCHARD
CURÉ DE GORBIO
1936 - 1959
GORBIO
cité médiévale
Château Lascaris XIIᵉ
Chapelle Saint Lazare XIIᵉ
Chapelle Saint Roch XVII
Eglise Saint Barthélémy
Son Orme planté en 1713
Chapelle des pénitents
1445
RUE
GARIBALDI

Le jardin de la rue Plumet

Ce jardin ainsi livré à lui-même depuis plus d'un demi-siècle était devenu extraordinaire et charmant. Les passants d'il y a quarante ans s'arrêtaient dans cette rue pour le contempler, sans se douter des secrets qu'il dérobait derrière ses épaisseurs fraîches et vertes.

Extrait de Victor Hugo

Les moulins

2 Moulin
ROSSETTI
Ruine
1 Moulin
ROSSETTI
Pte CAUVIN
3 Moulin
ROSSETTI
Pte ROCCA
4 Vieux Moulin
Q Garnier (villa)

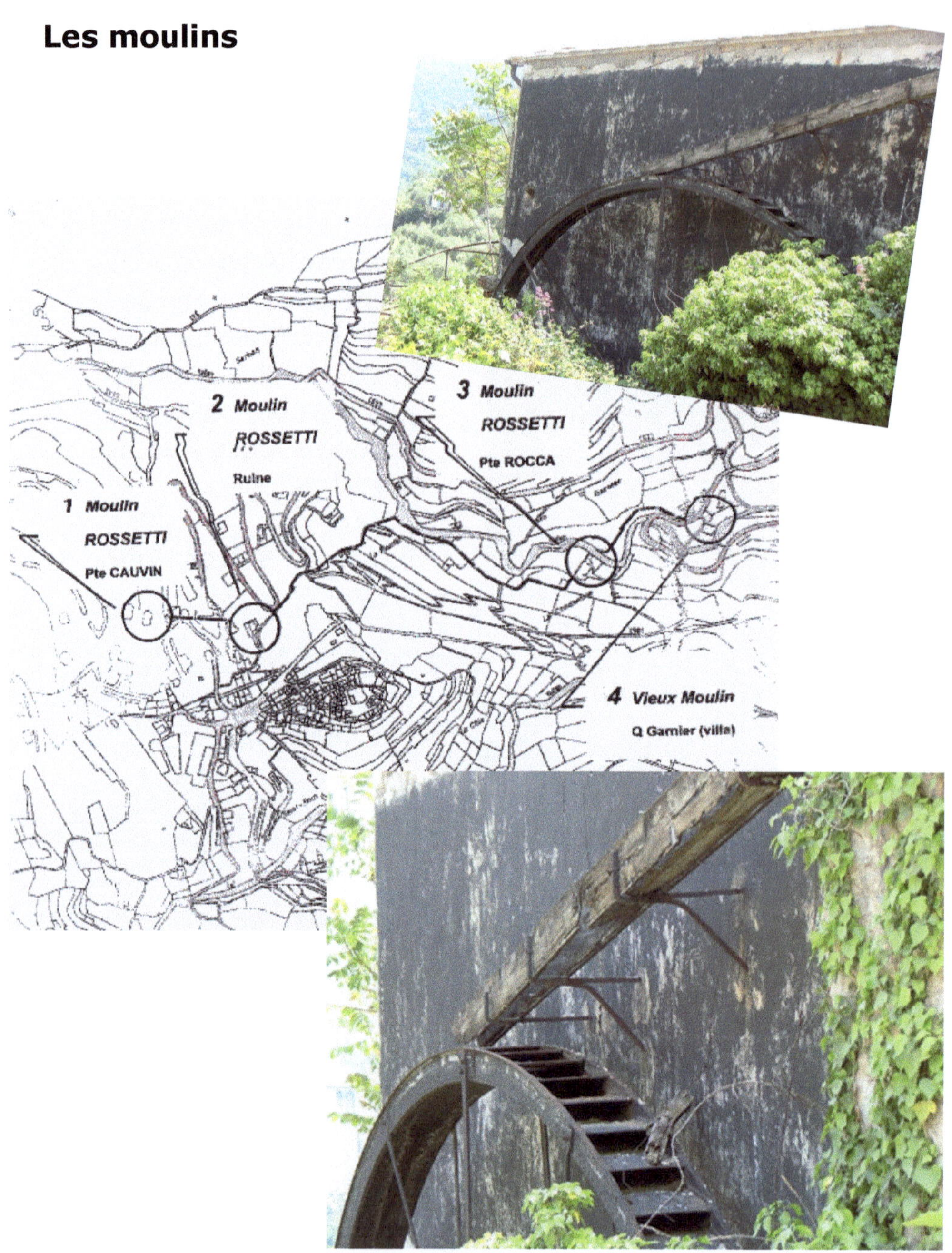

Le moulin

… Tandis que devant moi,
Dans la clarté douteuse où s'ébauchait sa forme,
Debout sur le coteau comme un monstre vivant
Dont la lune sur l'herbe étalait l'ombre énorme,
Un immense moulin tournait ses bras au vent.
D'où vient qu'alors je vis, comme on voit dans un songe
Quelque corps effrayant qui se dresse et s'allonge
Jusqu'à toucher du front le lointain firmament,
Le vieux moulin grandir si démesurément
Que ses bras, tournoyant avec un bruit de voiles,
Tout à coup se perdaient au milieu des étoiles,
Pour retomber, brillant d'une poussière d'or
Qu'ils avaient dérobée aux robes des comètes ?
Puis, comme pour revoir leurs sublimes conquêtes,
A peine descendus, ils remontaient encor.

Guy de Maupassant

Tanelle

Souvenir

Tandis que la terre sommeille,
Si j'entends le vent soupirer,
Je crois t'entendre murmurer
Des mots sacrés à mon oreille.

Extrait de A. Lamartine

Gorbio

Village de mes ancêtres
Où mes racines niçoises se veulent être.
Tes ruelles ont conservé le parfum d'antan
Qui me rappellent mes grands parents,
Le temps de ma jeunesse,
Madeleine qui me caresse.
On écoutait «Batacria» crier
Lui qui sur un roulement de tambour nous annonçait
Les nouvelles du village.
C'était l'internet sans image
Notre facebook du temps
Que les moins de….ans
Ne peuvent pas connaitre.

Bernard Brunstein

Peinture de Bernard Brunstein

Liste des auteurs cités dans le livre

Alphonse Lamartine: Extrait de «Un village autrefois »

Extrait de «Souvenir»

Maurice Rollinat : «L'Ormeau»

Bernard Brunstein: «Laisse la porte»

«Gorbio»

«Ruelles»

«Les vieilles portes»

«La rentrée»

«La crèche»

«En fermant les volets»

Charles Trenet: Extrait de «Y'a d'la joie»

Victor Hugo : Extrait de «l'Eglise»

Extrait de «Le Jardin»

Robert Desnos: «Un bouquet de muguet»

Guy de Maupassant: Extrait de «Le Moulin»

Editeur : BoD-Books on Demand, 12/14 rond point
des Champs Élysées, 75008 Paris, France
Impression : BoD-Books on Demand, Norderstedt,
Allemagne
ISBN : 9782322081776
Dépôt légal : aout 2017